Europäische Kommission

Durchführungsverordnung (EU) Nr. 354/2013 der Kommission vom 18. April 2013

über Änderungen von gemäß der Verordnung (EU) Nr. 528/2012 des Europäischen Parlaments und des Rates zugelassenen Biozidprodukten

AP

Antiphon Verlag

Europäische Kommission

Durchführungsverordnung (EU) Nr. 354/2013 der Kommission vom 18. April 2013

über Änderungen von gemäß der Verordnung (EU) Nr. 528/2012 des Europäischen Parlaments und des Rates zugelassenen Biozidprodukten

1. Auflage 2026 | ISBN: 978-3-38798-679-2

Antiphon Verlag ist ein Imprint der Antiquum Novum Verlag.

Verlag: Antiquum Novum Verlag UG (haftungsbeschränkt), Im Erlengrund 6a, 35510 Butzbach, Deutschland, info@antiquum-novum.de
Vertretungsberechtigt: E. Roepke, Zeilweg 44, 60439 Frankfurt, Deutschland
Druck: Libri Plureos GmbH, Friedensallee 273, 22763 Hamburg, Deutschland

DURCHFÜHRUNGSVERORDNUNG (EU) Nr. 354/2013 DER KOMMISSION

vom 18. April 2013

über Änderungen von gemäß der Verordnung (EU) Nr. 528/2012 des Europäischen Parlaments und des Rates zugelassenen Biozidprodukten

(Text von Bedeutung für den EWR)

DIE EUROPÄISCHE KOMMISSION —

gestützt auf den Vertrag über die Arbeitsweise der Europäischen Union,

gestützt auf die Verordnung (EU) Nr. 528/2012 des Europäischen Parlaments und des Rates vom 22. Mai 2012 über die Bereitstellung auf dem Markt und die Verwendung von Biozidprodukten ([1]), insbesondere auf Artikel 51,

in Erwägung nachstehender Gründe:

(1) Zur Gewährleistung eines harmonisierten Vorgehens sollten Bestimmungen für die Änderung von Biozidprodukten hinsichtlich der Angaben festgelegt werden, die im Zusammenhang mit dem ersten Antrag auf Zulassung oder Registrierung von Biozidprodukten oder Biozidproduktfamilien gemäß der Richtlinie 98/8/EG des Europäischen Parlaments und des Rates vom 16. Februar 1998 über das Inverkehrbringen von Biozid-Produkten ([2]) und der Verordnung (EU) Nr. 528/2012 vorgelegt wurden.

(2) Die vorgeschlagenen Änderungen von Biozidprodukten sollten in unterschiedliche Kategorien eingeordnet werden, wobei der Umfang der erforderlichen Neubewertung des Risikos für die Gesundheit von Mensch und Tier oder für die Umwelt oder der Wirksamkeit des Biozidprodukts bzw. der Bioproduktfamilie zu berücksichtigen sind. Es empfiehlt sich, die Kriterien festzulegen, die für die Einordnung der Änderung eines Produkts in eine der Kategorien gemäß Artikel 50 Absatz 3 der Verordnung (EU) Nr. 528/2012 anzuwenden sind.

(3) Zur Verbesserung der Planungssicherheit sollte die Europäische Chemikalienagentur (im Folgenden „Agentur") Stellungnahmen zu der Einordnung von Änderungen eines Produkts abgeben. Außerdem sollte die Agentur Leitlinien zu den Einzelheiten der verschiedenen Kategorien von Änderungen vorlegen. Diese Leitlinien sollten regelmäßig im Hinblick auf den wissenschaftlichen und technischen Fortschritt überarbeitet werden.

(4) Es ist erforderlich, das Verfahren zu präzisieren, das zu einem Beschluss der Kommission gemäß Artikel 50 Absatz 2 Unterabsatz 1 und gegebenenfalls gemäß Artikel 44 Absatz 5 der Verordnung (EU) Nr. 528/2012 führt.

(5) Damit die Gesamtzahl der möglichen Anträge verringert wird und die Mitgliedstaaten, die Agentur und die Kommission sich auf die Änderungen konzentrieren können, die tatsächliche Auswirkungen auf die Eigenschaften von Biozidprodukten haben, sollte für bestimmte Änderungen verwaltungstechnischer Art ein System der jährlichen Berichterstattung eingeführt werden. Solche Änderungen sollten keiner vorherigen Zustimmung bedürfen, sondern lediglich innerhalb von zwölf Monaten nach der Umsetzung notifiziert werden. Andere Arten von verwaltungstechnischen Änderungen, die zwecks ständiger Überwachung des betreffenden Biozidprodukts umgehend gemeldet und vorab geprüft werden müssen, sollten nicht dem System der jährlichen Berichterstattung unterliegen.

(6) Für jede Änderung sollte ein gesonderter Antrag eingereicht werden. In bestimmten Fällen sollte jedoch eine Bündelung der Änderungen möglich sein, um die Prüfung der Änderungen zu erleichtern und den Verwaltungsaufwand zu verringern.

(7) Es sollten Bestimmungen zu den Aufgaben der mit der Verordnung (EU) Nr. 528/2012 eingesetzten Koordinierungsgruppe eingeführt werden, um die Zusammenarbeit zwischen den Mitgliedstaaten zu verbessern und die Beilegung von Meinungsverschiedenheiten bei der Bewertung bestimmter Änderungen zu ermöglichen.

(8) In dieser Verordnung sollte die Frage geklärt werden, wann ein Zulassungsinhaber eine bestimmte Änderung umsetzen kann, weil diese Klarstellung für Wirtschaftsteilnehmer wichtig ist.

(9) Die in dieser Verordnung vorgesehenen Maßnahmen entsprechen der Stellungnahme des Ständigen Ausschusses für Biozid-Produkte —

HAT FOLGENDE VERORDNUNG ERLASSEN:

KAPITEL I

ALLGEMEINE BESTIMMUNGEN

Artikel 1

Gegenstand

In dieser Verordnung werden die Bestimmungen für Änderungen von Biozidprodukten festgelegt, die gemäß Artikel 50 Absatz 2 der Verordnung (EU) Nr. 528/2012 im Zusammenhang mit den Angaben, die im Rahmen des ersten Antrags auf Zulassung von Biozidprodukten oder Biozidproduktfamilien gemäß der Richtlinie 98/8/EG und der Verordnung (EU) Nr. 528/2012 vorgelegt wurden, beantragt werden (im Folgenden „Änderungen von Produkten").

Artikel 2

Einordnung der Änderungen von Produkten

(1) Änderungen von Produkten werden nach den Kriterien im Anhang dieser Verordnung eingeordnet. Bestimmte Kategorien von Änderungen sind in den Tabellen im Anhang aufgeführt.

(2) Der Zulassungsinhaber kann die Agentur ersuchen, eine Stellungnahme zu der Einordnung gemäß den im Anhang dieser Verordnung festgelegten Kriterien abzugeben, falls eine Änderung nicht in einer der Tabellen in diesem Anhang aufgeführt ist.

([1]) ABl. L 167 vom 27.6.2012, S. 1.
([2]) ABl. L 123 vom 24.4.1998, S. 1.

Die Stellungnahme wird innerhalb von 45 Tagen nach Eingang des Ersuchens und nach Zahlung der Gebühr gemäß Artikel 80 Absatz 1 Buchstabe a der Verordnung (EU) Nr. 528/2012 abgegeben.

Die Agentur veröffentlicht die Stellungnahme nach Streichung aller vertraulichen Angaben kommerzieller Art.

Artikel 3

Leitlinien für die Einordnung

(1) Von der Agentur werden nach Konsultation der Mitgliedstaaten, der Kommission und der Interessenträger Leitlinien zu den Einzelheiten und den verschiedenen Kategorien von Produktänderungen ausgearbeitet.

(2) Diese Leitlinien werden in regelmäßigen Abständen unter Berücksichtigung der gemäß Artikel 2 Absatz 2 abgegebenen Stellungnahmen, der Beiträge der Mitgliedstaaten und des wissenschaftlichen und technischen Fortschritts überarbeitet.

Artikel 4

Bündelung von Änderungen

(1) Werden mehrere Änderungen von Produkten beantragt, so sind für alle beantragten Änderungen gesonderte Notifizierungen oder Anträge einzureichen.

(2) Abweichend von Absatz 1 gelten folgende Vorschriften:

a) Eine einzige Notifizierung kann für mehrere vorgeschlagene verwaltungstechnische Änderungen gelten, die unterschiedliche Produkte auf dieselbe Weise betreffen.

b) Eine einzige Notifizierung kann für mehrere vorgeschlagene verwaltungstechnische Änderungen gelten, die dasselbe Produkt betreffen.

c) Ein einziger Antrag kann in folgenden Fällen für mehr als eine vorgeschlagene Änderung desselben Produkts gelten:

   1. Bei einer der vorgeschlagenen gebündelten Änderungen handelt es sich um eine wesentliche Änderung des Produkts; alle anderen vorgeschlagenen gebündelten Änderungen ergeben sich unmittelbar aus dieser Änderung.

   2. Bei einer der vorgeschlagenen gebündelten Änderungen handelt es sich um eine geringfügige Änderung; alle anderen vorgeschlagenen gebündelten Änderungen ergeben sich unmittelbar aus dieser Änderung.

   3. Alle gebündelten Änderungen ergeben sich unmittelbar aus einer neuen Einstufung eines oder mehrerer im Produkt enthaltener Wirkstoffe bzw. nicht wirksamer Stoffe oder des Produkts selbst.

   4. Alle gebündelten Änderungen ergeben sich unmittelbar aus einer besonderen Bedingung der Zulassung.

d) Ein einziger Antrag kann für mehr als eine vorgeschlagene Änderung gelten, wenn der den Antrag gemäß Artikel 7 Absatz 4 oder Artikel 8 Absatz 4 bewertende Mitgliedstaat bzw. — im Falle einer Unionszulassung — die Agentur bestätigt, dass eine Bearbeitung dieser Änderungen in demselben Verfahren möglich ist.

Die einzelnen Anträge gemäß Unterabsatz 1 Buchstaben c und d werden gemäß den Artikeln 7 oder 12 eingereicht, wenn es sich bei mindestens einer der vorgeschlagenen Änderungen um eine geringfügige und bei keiner der vorgeschlagenen Änderungen um eine wesentliche Änderung des Produkts handelt; sie werden gemäß den Artikeln 8 oder 13 eingereicht, wenn es sich bei mindestens einer der vorgeschlagenen Änderungen um eine wesentliche Änderung des Produkts handelt.

Artikel 5

Informationsanforderungen

Ein gemäß Artikel 50 Absatz 2 der Verordnung (EU) Nr. 528/2012 vorgelegter Antrag muss Folgendes enthalten:

1. Das beim Register für Biozidprodukte erhältliche ausgefüllte Formblatt enthält Folgendes:

   a) eine Liste aller von der/den vorgeschlagenen Änderung(en) betroffenen Zulassungen;

   b) eine Liste aller Mitgliedstaaten, in denen das Produkt zugelassen ist und die Änderungen beantragt werden (im Folgenden „betroffene Mitgliedstaaten");

   c) bei Produkten mit nationaler Zulassung den Mitgliedstaat, der den ersten Antrag auf Zulassung des Biozidprodukts bewertet hat, oder, falls die Änderungen nicht in dem Mitgliedstaat beantragt werden, den von dem Antragsteller gewählten Mitgliedstaat zusammen mit einer schriftlichen Bestätigung, dass sich dieser Mitgliedstaat bereit erklärt, Referenzmitgliedstaat (im Folgenden „Referenzmitgliedstaat") zu sein;

   d) bei wesentlichen Änderungen von durch Unionszulassung zugelassenen Produkten den Mitgliedstaat, der den ersten Zulassungsantrag des Biozidprodukts bewertet hat, oder, falls die Änderungen nicht in dem Mitgliedstaat beantragt werden, den vom Antragsteller gewählten Mitgliedstaat zusammen mit einer schriftlichen Bestätigung, dass sich dieser Mitgliedstaat bereit erklärt, den Antrag auf die Änderung zu bewerten;

   e) gegebenenfalls den Entwurf einer überarbeiteten Zusammenfassung der Eigenschaften des Biozidprodukts in

      1. der/den Amtssprache(n) aller betroffenen Mitgliedstaaten bei Produkten mit nationaler Zulassung;

      2. einer der Amtssprachen der EU bei Produkten mit Unionszulassung; im Falle wesentlicher Änderungen muss es sich dabei um eine zum Zeitpunkt der Antragstellung von dem in Buchstabe c genannten Mitgliedstaat anerkannte Sprache handeln;

2. eine Beschreibung aller beantragten Änderungen;

3. ist eine Änderung die Ursache oder das Ergebnis anderer Änderungen der Bedingungen derselben Zulassung, eine Beschreibung des Zusammenhangs zwischen diesen Änderungen;

4. alle maßgeblichen Unterlagen zum Nachweis, dass die vorgeschlagene Änderung keine nachteiligen Auswirkungen auf die früher gezogenen Schlussfolgerungen zur Einhaltung der Bedingungen gemäß Artikel 19 oder 25 der Verordnung (EU) Nr. 528/2012 hat;

5. gegebenenfalls die Stellungnahme der Agentur gemäß Artikel 3 dieser Verordnung.

KAPITEL II

VON DEN MITGLIEDSTAATEN GENEHMIGTE ÄNDERUNGEN VON PRODUKTEN

Artikel 6

Notifizierungsverfahren für verwaltungstechnische Änderungen von Produkten

(1) Der Zulassungsinhaber oder sein Stellvertreter übermittelt allen betroffenen Mitgliedstaaten gleichzeitig eine Notifizierung gemäß Artikel 5 und zahlt in allen diesen Mitgliedstaaten die gemäß Artikel 80 Absatz 2 der Verordnung (EU) Nr. 528/2012 zu entrichtenden Gebühren.

(2) Unbeschadet von Unterabsatz 2 wird die Notifizierung innerhalb von zwölf Monaten nach Umsetzung der Änderung übermittelt.

Im Falle einer Änderung gemäß Titel 1 Abschnitt 1 des Anhangs dieser Verordnung wird die Notifizierung vor Umsetzung der Änderung übermittelt.

(3) Lehnt einer der betroffenen Mitgliedstaaten die Änderung ab oder wurde die anfallende Gebühr nicht entrichtet, so teilt dieser Mitgliedstaat dem Zulassungsinhaber oder seinem Stellvertreter sowie den anderen betroffenen Mitgliedstaaten innerhalb von 30 Tagen nach Eingang der Notifizierung unter Angabe der Gründe mit, dass die Änderung abgelehnt wurde.

Hat innerhalb von 30 Tagen nach Eingang der Notifizierung ein betroffener Mitgliedstaat keine unterschiedliche Auffassung geäußert, so wird davon ausgegangen, dass dieser Mitgliedstaat der Änderung zugestimmt hat.

(4) Jeder betroffene Mitgliedstaat, der die Änderung nicht gemäß Absatz 3 abgelehnt hat, ändert gegebenenfalls die Zulassung des Biozidprodukts entsprechend der vereinbarten Änderung.

Artikel 7

Verfahren für geringfügige Änderungen von Produkten

(1) Der Zulassungsinhaber oder sein Stellvertreter legt gleichzeitig allen betroffenen Mitgliedstaaten einen Antrag gemäß Artikel 5 vor.

(2) Jeder betroffene Mitgliedstaat teilt dem Antragsteller die gemäß Artikel 80 Absatz 2 der Verordnung (EU) Nr. 528/2012 zu entrichtende Gebühr mit. Zahlt der Antragsteller die Gebühr nicht innerhalb von 30 Tagen, so lehnt der betroffene Mitgliedstaat den Antrag ab und teilt dies dem Antragsteller und den anderen betroffenen Mitgliedstaaten mit. Nach Eingang der Gebühr genehmigt der betroffene Mitgliedstaat den Antrag und teilt dies dem Antragsteller unter Angabe des Datums der Annahme mit.

(3) Der Referenzmitgliedstaat validiert den Antrag innerhalb von 30 Tagen nach dessen Annahme, sofern er den Anforderungen gemäß Artikel 5 entspricht, und teilt dies dem Antragsteller und den betroffenen Mitgliedstaaten mit.

Im Rahmen der Validierung gemäß Unterabsatz 1 nimmt der Referenzmitgliedstaat keine Bewertung der Qualität oder Eignung der vorgelegten Daten bzw. Begründungen vor.

Erachtet der Referenzmitgliedstaat einen Antrag als unvollständig, so teilt er dem Antragsteller mit, welche zusätzlichen Angaben für die Vervollständigung des Antrags erforderlich sind, und setzt eine angemessene Frist für die Übermittlung dieser Angaben. Diese Frist beträgt im Regelfall höchstens 45 Tage.

Der Referenzmitgliedstaat validiert innerhalb von 30 Tagen nach Eingang der zusätzlichen Angaben den Antrag, wenn die vorliegenden zusätzlichen Angaben zur Erfüllung der Anforderungen gemäß Artikel 5 ausreichen.

Der Referenzmitgliedstaat lehnt den Antrag ab, wenn der Antragsteller die angeforderten Angaben nicht fristgemäß übermittelt, und teilt dies dem Antragsteller und den betroffenen Mitgliedstaaten mit.

(4) Innerhalb von 90 Tagen nach Validierung eines Antrags bewertet der Referenzmitgliedstaat den Antrag, erstellt einen Entwurf des Bewertungsberichts und übermittelt den Bewertungsbericht und gegebenenfalls die überarbeitete Zusammenfassung der Eigenschaften des Biozidprodukts an die betroffenen Mitgliedstaaten und an den Antragsteller.

(5) Zeigt sich, dass für die Bewertung zusätzliche Angaben erforderlich sind, so fordert der Referenzmitgliedstaat den Antragsteller auf, diese Angaben innerhalb einer vorgegebenen Frist zu übermitteln. Die Frist gemäß Absatz 4 wird von dem Tag, an dem diese Angaben angefordert werden, bis zu dem Tag, an dem sie vorliegen, ausgesetzt. Die dem Antragsteller eingeräumte Frist beträgt insgesamt höchstens 45 Tage, es sei denn, eine Fristverlängerung ist durch die Art der angeforderten Daten oder außergewöhnliche Umstände gerechtfertigt.

Der Referenzmitgliedstaat lehnt den Antrag ab, wenn der Antragsteller die angeforderten Angaben nicht fristgemäß vorgelegt hat, und teilt dies dem Antragsteller und den betroffenen Mitgliedstaaten mit.

(6) Äußern die betroffenen Mitgliedstaaten innerhalb von 45 Tagen nach Eingang des Bewertungsberichts und gegebenenfalls der überarbeiteten Zusammenfassung der Eigenschaften des Biozidprodukts keine unterschiedlichen Auffassungen gemäß Artikel 10, so wird davon ausgegangen, dass diese Mitgliedstaaten den Schlussfolgerungen des Bewertungsberichts und gegebenenfalls der überarbeiteten Zusammenfassung der Eigenschaften des Biozidprodukts zugestimmt haben.

(7) Innerhalb von 30 Tagen, nachdem die Einigung erzielt wurde, teilt der Referenzmitgliedstaat dem Antragsteller die Einigung mit und macht sie im Register für Biozidprodukte gemäß Artikel 71 der Verordnung (EU) Nr. 528/2012 zugänglich. Der Referenzmitgliedstaat und alle betroffenen Mitgliedstaaten ändern dann gegebenenfalls die Zulassungen des Biozidprodukts entsprechend der vereinbarten Änderung.

Artikel 8

Verfahren für wesentliche Änderungen von Produkten

(1) Der Zulassungsinhaber oder sein Stellvertreter legt gleichzeitig allen betroffenen Mitgliedstaaten einen Antrag gemäß Artikel 5 vor.

(2) Jeder betroffene Mitgliedstaat teilt dem Antragsteller die gemäß Artikel 80 Absatz 2 der Verordnung (EU) Nr. 528/2012 zu entrichtende Gebühr mit. Zahlt der Antragsteller die Gebühr nicht innerhalb von 30 Tagen, so lehnt der betroffene Mitgliedstaat den Antrag ab und teilt dies dem Antragsteller und den anderen betroffenen Mitgliedstaaten mit. Nach Eingang der Gebühr nimmt der betroffene Mitgliedstaat den Antrag an und teilt dies dem Antragsteller unter Angabe des Datums der Annahme mit.

(3) Der Referenzmitgliedstaat validiert den Antrag innerhalb von 30 Tagen nach dessen Annahme, sofern er den Anforderungen gemäß Artikel 5 entspricht, und teilt dies dem Antragsteller und den betroffenen Mitgliedstaaten mit.

Im Rahmen der Validierung nach Unterabsatz 1 nimmt der Referenzmitgliedstaat keine Bewertung der Qualität oder Eignung der vorgelegten Daten bzw. Begründungen vor.

Erachtet der Referenzmitgliedstaat den Antrag als unvollständig, so teilt er dem Antragsteller mit, welche zusätzlichen Angaben zur Validierung des Antrags erforderlich sind, und setzt eine angemessene Frist für die Übermittlung dieser Angaben. Diese Frist beträgt im Regelfall höchstens 90 Tage.

Der Referenzmitgliedstaat validiert innerhalb von 30 Tagen nach Eingang der zusätzlichen Angaben den Antrag, wenn er feststellt, dass die vorliegenden zusätzlichen Angaben zur Erfüllung der Anforderungen gemäß Artikel 5 ausreichen.

Der Referenzmitgliedstaat lehnt den Antrag ab, wenn der Antragsteller die angeforderten Angaben nicht fristgemäß übermittelt, und teilt dies dem Antragsteller und den betroffenen Mitgliedstaaten mit.

(4) Innerhalb von 180 Tagen nach der Validierung des Antrags bewertet der Referenzmitgliedstaat den Antrag, erstellt einen Entwurf eines Bewertungsberichts und übermittelt den Bewertungsbericht und gegebenenfalls die überarbeitete Zusammenfassung der Eigenschaften des Biozidprodukts den betroffenen Mitgliedstaaten und dem Antragsteller.

(5) Zeigt sich, dass für die Bewertung zusätzliche Angaben erforderlich sind, so fordert der Referenzmitgliedstaat den Antragsteller auf, diese Angaben innerhalb einer vorgegebenen Frist zu übermitteln. Die Frist gemäß Absatz 4 wird von dem Tag, an dem die Angaben angefordert wurden, bis zu dem Tag, an dem sie vorliegen, ausgesetzt. Die dem Antragsteller eingeräumte Frist beträgt höchstens 90 Tage, es sei denn, eine Fristverlängerung ist durch die Art der angeforderten Angaben oder außergewöhnliche Umstände gerechtfertigt.

Der Referenzmitgliedstaat lehnt den Antrag ab, wenn der Antragsteller die angeforderten Angaben nicht fristgerecht übermittelt, und teilt dies dem Antragsteller und den betroffenen Mitgliedstaaten mit.

(6) Äußern die betroffenen Mitgliedstaaten innerhalb von 90 Tagen nach Eingang des Bewertungsberichts und gegebenenfalls der überarbeiteten Zusammenfassung der Eigenschaften des Biozidprodukts keine unterschiedlichen Auffassungen gemäß Artikel 10, so wird davon ausgegangen, dass diese Mitgliedstaaten den Schlussfolgerungen des Bewertungsberichts und gegebenenfalls der überarbeiteten Zusammenfassung der Eigenschaften des Biozidprodukts zugestimmt haben.

(7) Innerhalb von 30 Tagen, nachdem die Einigung erzielt wurde, teilt der Referenzmitgliedstaat dem Antragsteller die Einigung mit; der Referenzmitgliedstaat und alle betroffenen Mitgliedstaaten ändern dann gegebenenfalls die Zulassungen des Biozidprodukts entsprechend der vereinbarten Änderung.

Artikel 9

Nach Artikel 26 der Verordnung (EU) Nr. 528/2012 zugelassene Biozidprodukte

(1) Wurde eine Zulassung nach Artikel 26 der Verordnung (EU) Nr. 528/2012 erteilt, so unterrichtet der Zulassungsinhaber oder sein Stellvertreter gemäß den Artikeln 6, 7 oder 8 dieser Verordnung jeden Mitgliedstaat, in dessen Hoheitsgebiet das Biozidprodukt bereitgestellt wird, über die Notifizierungen oder Anträge beim Referenzmitgliedstaat.

(2) Hat ein Referenzmitgliedstaat einer überarbeiteten Zusammenfassung der Eigenschaften eines Biozidprodukts zugestimmt, so übermittelt der Zulassungsinhaber oder sein Stellvertreter die überarbeitete Zusammenfassung jedem Mitgliedstaat, in dessen Hoheitsgebiet das Biozidprodukt bereitgestellt wird, in der bzw. den jeweiligen Amtssprache(n) des Mitgliedstaats.

Artikel 9a

Verfahren für Änderungen, denen andere Mitgliedstaaten bereits zugestimmt haben

(1) Wurde einer verwaltungstechnischen Änderung bereits in einem oder mehreren Mitgliedstaaten zugestimmt und will der Zulassungsinhaber für dieselbe verwaltungstechnische Änderung die Zustimmung in einem zusätzlichen betroffenen Mitgliedstaat einholen, so übermittelt der Zulassungsinhaber oder sein Stellvertreter dem zusätzlichen betroffenen Mitgliedstaat eine Notifizierung gemäß Artikel 6 Absatz 1.

(2) Wurde einer geringfügigen oder einer wesentlichen Änderung bereits in einem oder mehreren Mitgliedstaaten zugestimmt und will der Zulassungsinhaber für dieselbe geringfügige oder wesentliche Änderung die Zustimmung in einem zusätzlichen betroffenen Mitgliedstaat einholen, so legt der Zulassungsinhaber oder sein Stellvertreter dem zusätzlichen betroffenen Mitgliedstaat einen Antrag gemäß Artikel 5 vor.

(3) Der betroffene Mitgliedstaat teilt dem Antragsteller die gemäß Artikel 80 Absatz 2 der Verordnung (EU) Nr. 528/2012 zu entrichtende Gebühr mit. Der betroffene Mitgliedstaat lehnt den Antrag ab, wenn der Antragsteller die Gebühr nicht innerhalb von 30 Tagen zahlt, und teilt dies dem Antragsteller und den anderen betroffenen Mitgliedstaaten mit. Nach Eingang der Gebühr nimmt der betroffene Mitgliedstaat die Änderung an und teilt dies dem Antragsteller unter Angabe des Datums der Annahme mit.

(4) Äußert der betroffene Mitgliedstaat im Falle einer geringfügigen Änderung innerhalb von 45 Tagen bzw. im Falle einer wesentlichen Änderung innerhalb von 90 Tagen keine unterschiedliche Auffassung gemäß Artikel 10, so wird davon ausgegangen, dass er den Schlussfolgerungen des Bewertungsberichts und gegebenenfalls der überarbeiteten Zusammenfassung der Eigenschaften des Biozidprodukts zustimmt.

(5) Innerhalb von 30 Tagen nach der Zustimmung gemäß Absatz 4 teilt der betroffene Mitgliedstaat dem Antragsteller die Zustimmung mit und ändert gegebenenfalls die Zulassung des Biozidprodukts entsprechend der vereinbarten Änderung.

Artikel 10

Koordinierungsgruppe, Streitbeilegung und Abweichung von der gegenseitigen Anerkennung

(1) Ein betroffener Mitgliedstaat kann vorschlagen, die Erteilung bzw. die Anpassung der Bedingungen einer Zulassung gemäß Artikel 37 der Verordnung (EU) Nr. 528/2012 abzulehnen.

(2) Können sich betroffene Mitgliedstaaten in anderen als den in Absatz 1 genannten Punkten zu den Schlussfolgerungen des Bewertungsberichts bzw. gegebenenfalls der überarbeiteten Zusammenfassung der Eigenschaften des Biozidprodukts gemäß Artikel 7 Absatz 6 oder Artikel 8 Absatz 6 nicht einigen oder hat sie ein betroffener Mitgliedstaat gemäß Artikel 6 Absatz 3 abgelehnt, so befasst er damit die Koordinierungsgruppe gemäß Artikel 35 der Verordnung (EU) Nr. 528/2012.

Ist ein betroffener Mitgliedstaat anderer Auffassung als der Referenzmitgliedstaat, so übermittelt Ersterer allen Mitgliedstaaten und dem Antragsteller eine detaillierte Darstellung der Gründe für seinen Standpunkt.

(3) Für unterschiedliche Auffassungen gemäß Absatz 2 gelten die Artikel 35 und 36 der Verordnung (EU) Nr. 528/2012.

KAPITEL III

VON DER KOMMISSION GENEHMIGTE ÄNDERUNGEN VON PRODUKTEN

Artikel 11

Notifizierungsverfahren für verwaltungstechnische Änderungen von Produkten

(1) Der Zulassungsinhaber oder sein Stellvertreter übermittelt der Agentur eine Notifizierung gemäß Artikel 5 und zahlt die Gebühr gemäß Artikel 80 Absatz 1 Buchstabe a der Verordnung (EU) Nr. 528/2012.

(2) Unbeschadet von Unterabsatz 2 wird diese Notifizierung innerhalb von zwölf Monaten nach Umsetzung der Änderung übermittelt.

Im Falle einer Änderung gemäß Titel 1 Abschnitt 1 des Anhangs dieser Verordnung wird die Notifizierung vor der Umsetzung der Änderung übermittelt.

(3) Innerhalb von 30 Tagen nach Eingang der Notifizierung und vorbehaltlich der Entrichtung der anfallenden Gebühr erarbeitet die Agentur eine Stellungnahme zu der vorgeschlagenen Änderung und legt sie der Kommission vor.

(4) Wurde die anfallende Gebühr innerhalb von 30 Tagen nach Eingang der Notifizierung nicht gezahlt, so lehnt die Agentur den Antrag ab und teilt dies dem Antragsteller mit.

Gemäß Artikel 77 der Verordnung (EU) Nr. 528/2012 kann gegen Entscheidungen der Agentur nach diesem Absatz Widerspruch erhoben werden.

(5) Die Agentur unterrichtet den Antragsteller über ihre Stellungnahme und fordert ihn gegebenenfalls auf, einen Entwurf der überarbeiteten Zusammenfassung der Eigenschaften des Biozidprodukts in allen Amtssprachen der EU vorzulegen.

(6). Innerhalb von 30 Tagen nach Vorlage der Stellungnahme bei der Kommission übermittelt die Agentur der Kommission eine überarbeitete Zusammenfassung der Eigenschaften des Biozidprodukts gemäß Artikel 22 Absatz 2 der Verordnung (EU) Nr. 528/2012 in allen Amtssprachen der EU.

Artikel 12

Verfahren für geringfügige Änderungen von Produkten

(1) Der Zulassungsinhaber oder sein Stellvertreter legt der Agentur einen Antrag gemäß Artikel 5 vor.

(2) Die Agentur teilt dem Antragsteller die gemäß Artikel 80 Buchstabe Absatz 1 Buchstabe a der Verordnung (EU) Nr. 528/2012 zu entrichtende Gebühr mit und lehnt den Antrag ab, wenn der Antragsteller die Gebühr nicht innerhalb von 30 Tagen zahlt. Sie teilt dies dem Antragsteller mit.

Nach Eingang der Gebühr nimmt die Agentur den Antrag an und teilt dies dem Antragsteller mit.

Gemäß Artikel 77 der Verordnung (EU) Nr. 528/2012 kann gegen Entscheidungen der Agentur nach diesem Absatz Widerspruch erhoben werden.

(3) Die Agentur validiert den Antrag innerhalb von 30 Tagen nach dem Datum von dessen Annahme, sofern er den Anforderungen gemäß Artikel 5 entspricht.

Im Rahmen der in Unterabsatz 1 genannten Validierung nimmt die Agentur keine Bewertung der Qualität oder Eignung der vorgelegten Daten bzw. Begründungen vor.

Erachtet die Agentur einen Antrag als unvollständig, so teilt sie dem Antragsteller mit, welche zusätzlichen Angaben zur Vervollständigung des Antrags erforderlich sind, und setzt eine angemessene Frist für die Übermittlung dieser Angaben. Diese Frist beträgt im Regelfall höchstens 45 Tage.

Die Agentur validiert den Antrag innerhalb von 30 Tagen nach Eingang der zusätzlichen Angaben, wenn sie feststellt, dass die vorliegenden zusätzlichen Angaben zur Erfüllung der Anforderungen gemäß Artikel 5 ausreichen.

Die Agentur lehnt den Antrag ab, wenn der Antragsteller die angeforderten Angaben nicht fristgemäß übermittelt, und teilt dies dem Antragsteller mit. In solchen Fällen wird ein Teil der nach Absatz 2 entrichteten Gebühren erstattet.

Gemäß Artikel 77 der Verordnung (EU) Nr. 528/2012 kann gegen Entscheidungen der Agentur nach diesem Absatz Widerspruch erhoben werden.

(4) Innerhalb von 90 Tagen nach Validierung eines Antrags erarbeitet die Agentur eine Stellungnahme zu der vorgeschlagenen Änderung und legt sie der Kommission vor. Im Falle einer befürwortenden Stellungnahme teilt die Agentur mit, ob die vorgeschlagene Änderung eine Änderung der Zulassung erfordert.

Die Agentur unterrichtet den Antragsteller über ihre Stellungnahme, macht sie im Register für Biozidprodukte gemäß Artikel 71 der Verordnung (EU) Nr. 528/2012 zugänglich und fordert den Antragsteller gegebenenfalls auf, den Entwurf einer überarbeiteten Zusammenfassung der Eigenschaften des Biozidprodukts in allen Amtssprachen der EU zu übermitteln.

(5) Zeigt sich, dass für die Bewertung zusätzliche Angaben erforderlich sind, so fordert die Agentur den Antragsteller auf, diese Angaben innerhalb einer vorgegebenen Frist zu übermitteln. Die Frist gemäß Absatz 4 wird von dem Tag, ab dem diese Angaben angefordert werden, bis zu dem Tag, an dem sie vorliegen, ausgesetzt. Die dem Antragsteller eingeräumte Frist beträgt insgesamt höchstens 45 Tage, es sei denn, eine Verlängerung dieser Frist ist durch die Art der angeforderten Daten oder außergewöhnliche Umstände gerechtfertigt.

(6) Innerhalb von 30 Tagen nach Vorlage der Stellungnahme bei der Kommission übermittelt die Agentur der Kommission gegebenenfalls die überarbeitete Zusammenfassung der Eigenschaften des Biozidprodukts gemäß Artikel 22 Absatz 2 der Verordnung (EU) Nr. 528/2012 in allen Amtssprachen der EU.

Artikel 13

Verfahren für wesentliche Änderungen von Produkten

(1) Der Zulassungsinhaber oder sein Stellvertreter legt der Agentur einen Antrag gemäß Artikel 5 vor.

(2) Die Agentur teilt dem Antragsteller die gemäß Artikel 80 Absatz 1 Buchstabe a der Verordnung (EU) Nr. 528/2012 zu entrichtende Gebühr mit und lehnt den Antrag ab, wenn der Antragsteller die Gebühr nicht innerhalb von 30 Tagen zahlt. Sie teilt dies dem Antragsteller und der zuständigen Behörde des Mitgliedstaats gemäß Artikel 5 Absatz 1 Buchstabe d (im Folgenden „bewertende zuständige Behörde") mit.

Nach Eingang der Gebühr nimmt die Agentur den Antrag an und teilt dies dem Antragsteller und der bewertenden zuständigen Behörde mit.

Gemäß Artikel 77 der Verordnung (EU) Nr. 528/2012 kann gegen Entscheidungen der Agentur nach diesem Absatz Widerspruch erhoben werden.

(3) Die bewertende zuständige Behörde validiert den Antrag innerhalb von 30 Tagen nach dessen Annahme, sofern er den Anforderungen gemäß Artikel 5 entspricht.

Im Rahmen der in Unterabsatz 1 genannten Validierung nimmt die bewertende zuständige Behörde keine Bewertung der Qualität oder Eignung der vorgelegten Daten bzw. Begründungen vor.

Innerhalb von 15 Tagen, nachdem die Agentur den Antrag angenommen hat, teilt die bewertende zuständige Behörde dem Antragsteller die gemäß Artikel 80 Absatz 2 der Verordnung (EU) Nr. 528/2012 zu entrichtende Gebühr mit und lehnt den Antrag ab, wenn der Antragsteller diese nicht innerhalb von 30 Tagen zahlt.

(4) Erachtet die bewertende zuständige Behörde den Antrag als unvollständig, so teilt sie dem Antragsteller mit, welche zusätzlichen Angaben zur Vervollständigung des Antrags erforderlich sind, und setzt eine angemessene Frist für die Übermittlung dieser Angaben. Diese Frist beträgt im Regelfall höchstens 90 Tage.

Die bewertende zuständige Behörde validiert innerhalb von 30 Tagen nach Eingang der zusätzlichen Angaben den Antrag, wenn sie feststellt, dass die vorliegenden zusätzlichen Angaben zur Erfüllung der Anforderungen gemäß Artikel 5 ausreichen. Die bewertende zuständige Behörde lehnt den Antrag ab, wenn der Antragsteller die angeforderten Angaben nicht fristgemäß übermittelt, und teilt dies dem Antragsteller und der Agentur mit. In solchen Fällen wird ein Teil der Gebühren erstattet, die gemäß Absatz 2 gezahlt wurden.

(5) Die bewertende zuständige Behörde bewertet einen Antrag innerhalb von 180 Tagen nach dessen Validierung und übermittelt einen Bewertungsbericht, die Schlussfolgerungen ihrer Bewertung und gegebenenfalls einen Entwurf der überarbeiteten Zusammenfassung der Eigenschaften des Produkts an die Agentur.

Bevor die bewertende zuständige Behörde der Agentur ihre Schlussfolgerungen übermittelt, gibt sie dem Antragsteller Gelegenheit, innerhalb von 30 Tagen zu den Schlussfolgerungen der Bewertung Stellung zu nehmen. Die bewertende zuständige Behörde trägt dieser Stellungnahme in der Endfassung ihrer Bewertung gebührend Rechnung.

(6) Zeigt sich, dass für die Bewertung zusätzliche Angaben erforderlich sind, so fordert die bewertende zuständige Behörde den Antragsteller auf, diese Angaben innerhalb einer vorgegebenen Frist zu übermitteln, und teilt dies der Agentur mit. Die Frist gemäß Absatz 5 wird von dem Tag, an dem diese Angaben angefordert werden, bis zu dem Tag, an dem sie vorliegen, ausgesetzt. Die dem Antragsteller eingeräumte Frist beträgt insgesamt höchstens 90 Tage, es sei denn, eine Verlängerung dieser Frist ist durch die Art der angeforderten Daten oder außergewöhnliche Umstände gerechtfertigt.

(7) Innerhalb von 90 Tagen nach Eingang der Schlussfolgerungen der Bewertung verfasst die Agentur eine Stellungnahme zu der vorgeschlagenen Änderung und übermittelt sie der Kommission. Im Falle einer befürwortenden Stellungnahme teilt die Agentur mit, ob die vorgeschlagene Änderung eine Änderung der Zulassung erfordert.

Die Agentur unterrichtet den Antragsteller über ihre Stellungnahme und fordert ihn gegebenenfalls auf, einen Entwurf einer überarbeiteten Zusammenfassung der Eigenschaften des Biozidprodukts in allen Amtssprachen der EU zu übermitteln.

(8) Innerhalb von 30 Tagen nach Eingang ihrer Stellungnahme bei der Kommission übermittelt die Agentur der Kommission gegebenenfalls den Entwurf der überarbeiteten Zusammenfassung der Eigenschaften des Biozidprodukts gemäß Artikel 22 Absatz 2 der Verordnung (EU) Nr. 528/2012 in allen Amtssprachen der EU.

KAPITEL IV

UMSETZUNG DER ÄNDERUNGEN

Artikel 14

Verwaltungstechnische Änderungen von Produkten

(1) Verwaltungstechnische Änderungen gemäß Titel 1 Abschnitt 2 des Anhangs können zu jedem Zeitpunkt vor Abschluss der Verfahren gemäß den Artikeln 6 und 11 umgesetzt werden.

Verwaltungstechnische Änderungen gemäß Titel 1 Abschnitt 1 des Anhangs dürfen frühestens an dem Datum, an dem ein Mitgliedstaat oder — im Falle von Änderungen eines Produkts mit Unionszulassung — die Kommission der Änderung ausdrücklich zustimmt, oder 45 Tage nach Eingang der Notifizierung gemäß den Artikeln 6 und 11 umgesetzt werden, je nachdem, welcher Zeitpunkt früher liegt.

(2) Wird eine der Änderungen gemäß Absatz 1 abgelehnt, so stellt der Zulassungsinhaber die Anwendung der betreffenden Änderung innerhalb von 30 Tagen nach Bekanntgabe der Entscheidung der betreffenden Mitgliedstaaten bzw. — im Falle von Änderungen eines durch Unionszulassung zugelassenen Produkts — nach Bekanntgabe des Beschlusses der Kommission ein.

Artikel 15

Geringfügige Änderungen

(1) Bei befürwortender Stellungnahme durch die Agentur können geringfügige Änderungen von Produkten mit Unionszulassung jederzeit, nachdem gemäß Artikel 12 Absatz 4 die Stellungnahme der Agentur im Register für Biozidprodukte zugänglich gemacht wurde, umgesetzt werden.

(2) Wird die vorgeschlagene geringfügige Änderung des Produkts von der Kommission gemäß Artikel 50 Absatz 2 der Verordnung (EU) Nr. 528/2012 abgelehnt, so stellt der Zulassungsinhaber die Anwendung dieser Änderung innerhalb von 30 Tagen nach Bekanntgabe des Beschlusses der Kommission ein.

(3) Geringfügige Änderungen eines von Mitgliedstaaten zugelassenen Produkts können jederzeit, nachdem gemäß Artikel 7 Absatz 7 der Referenzmitgliedstaat die Einigung im Register für Biozidprodukte zugänglich gemacht hat, umgesetzt werden.

Artikel 16

Wesentliche Änderungen

Wesentliche Änderungen dürfen nur umgesetzt werden, nachdem die betroffenen Mitgliedstaaten bzw. — im Falle von Änderungen eines durch Unionszulassung zugelassenen Produkts — die Kommission der Änderung zugestimmt und gegebenenfalls den Beschluss zur Erteilung der Zulassung durch Beschluss gemäß Artikel 50 Absatz 2 der Verordnung (EU) Nr. 528/2012 geändert haben/hat.

KAPITEL V

SCHLUSSBESTIMMUNGEN

Artikel 17

Ständige Überwachung der Umsetzung der Änderungen

Sofern von einem Mitgliedstaat, der Agentur oder der Kommission gefordert, übermitteln die Zulassungsinhaber zum Zweck der Überwachung unverzüglich der ersuchenden Behörde alle Angaben zur Umsetzung der betreffenden Änderung.

Artikel 18

Inkrafttreten

Diese Verordnung tritt am zwanzigsten Tag nach ihrer Veröffentlichung im *Amtsblatt der Europäischen Union* in Kraft.

Sie gilt ab 1. September 2013.

Diese Verordnung ist in allen ihren Teilen verbindlich und gilt unmittelbar in jedem Mitgliedstaat.

Brüssel, den 18. April 2013

Für die Kommission
Der Präsident
José Manuel BARROSO

ANHANG

EINORDNUNG DER ÄNDERUNGEN VON PRODUKTEN

TITEL 1

Verwaltungstechnische Änderungen von Produkten

Eine verwaltungstechnische Änderung eines Produkts ist eine Änderung, durch die eine rein verwaltungstechnische Änderung der geltenden Zulassung im Sinne von Artikel 3 Absatz 1 Buchstabe aa der Verordnung (EU) Nr. 528/2012 zu erwarten ist.

ABSCHNITT 1

Verwaltungstechnische Änderungen von Produkten, die vor der Umsetzung eine Notifizierung erfordern

Verwaltungstechnische Änderungen eines Produkts müssen vor der Umsetzung notifiziert werden, wenn deren Kenntnis für die Kontrolle und die Durchsetzung notwendig ist. Hierzu zählen die in der nachstehenden Tabelle aufgeführten Beispiele, sofern die jeweiligen Bedingungen erfüllt sind:

Name des Biozidprodukts	
1.	Änderung des Namens des Biozidprodukts, wenn keine Gefahr einer Verwechslung mit den Namen anderer Biozidprodukte besteht.
2.	Hinzufügung eines Namens für ein Biozidprodukt, wenn keine Gefahr einer Verwechslung mit anderen Biozidprodukten besteht.
Zulassungsinhaber	
3.	Übertragung der Zulassung auf einen neuen Inhaber, der im Europäischen Wirtschaftsraum (EWR) niedergelassen ist.
4.	Änderung des Namens oder der Anschrift des Zulassungsinhabers, der im EWR bleibt.
Hersteller der Wirkstoffe	
5.	Hinzufügung eines Herstellers eines Wirkstoffs oder Änderung der Identität des Herstellers, des Herstellungsorts oder des Verfahrens, wenn die technische Äquivalenz von Stoffen zweier Hersteller, Herstellungsorte und Verfahren durch die Agentur gemäß Artikel 54 der Verordnung (EU) Nr. 528/2012 festgestellt wurde und der Hersteller oder Importeur in der Liste gemäß Artikel 95 Absatz 2 der Verordnung (EU) Nr. 528/2012 aufgeführt ist.
Biozidproduktfamilie	
6.	Zulassung einer Reihe zugelassener Produkte als Biozidproduktfamilie, die in die Spezifikationen einer Rahmenformulierung gemäß der Richtlinie 98/8/EG fallen, nach denselben Bedingungen.

ABSCHNITT 2

Verwaltungstechnische Änderungen von Produkten, die nach der Umsetzung notifiziert werden können

Verwaltungstechnische Änderungen eines Produkts können nach der Umsetzung notifiziert werden, wenn deren Kenntnis für die Kontrolle und die Durchsetzung nicht notwendig ist. Hierzu zählen die in der nachstehenden Tabelle aufgeführten Beispiele, sofern die jeweiligen Bedingungen erfüllt sind.

Zulassungsinhaber	
1.	Änderung anderer verwaltungstechnischer Angaben zum Zulassungsinhaber als Name oder Anschrift.
Hersteller (Formulierer) des Biozidprodukts	
2.	Änderung des Namens, verwaltungstechnischer Angaben oder des Formulierungsorts des Formulierers des Biozidprodukts, wenn Zusammensetzung oder Formulierungsverfahren des Biozidprodukts unverändert bleiben.

3.	Streichung eines Formulierungsorts oder eines Formulierers des Biozidprodukts.
4.	Hinzufügung eines Formulierers des Biozidprodukts, wenn Zusammensetzung oder Formulierungsverfahren unverändert bleiben.
Hersteller des/der Wirkstoffs/e	
5.	Änderung des Namens oder der verwaltungstechnischen Angaben eines Herstellers des Wirkstoffs, wenn Herstellungsort und -verfahren unverändert bleiben und der Hersteller weiterhin in der Liste gemäß Artikel 95 Absatz 2 der Verordnung (EU) Nr. 528/2012 aufgeführt ist.
6.	Streichung eines Herstellers oder eines Herstellungsorts des Wirkstoffs
Verwendungsbedingungen	
7.	Genauere Fassung der Gebrauchsanweisung, wenn nur der Wortlaut, nicht aber der Inhalt der Gebrauchsanweisungen geändert wird.
8.	Streichung einer bestimmten Angabe zur Eigenschaft, wie z. B. zu einem Zielorganismus oder einem bestimmten Verwendungszweck.
9.	Streichung von Verwenderkategorien.
10.	Hinzufügung, Ersetzung oder Änderung einer verwaltungs- oder messtechnischen Einrichtung, die für die Risikobewertung nicht maßgeblich ist und nicht als Risikominderungsmaßnahme anzusehen ist.
Einstufung und Kennzeichnung	
11.	Änderung der Einstufung oder der Kennzeichnung, wenn sich die Änderung auf das beschränkt, was zur Einhaltung der neu geltenden Anforderungen der Verordnung (EG) Nr. 1272/2008 des Europäischen Parlaments und des Rates (1) notwendig ist.

(1) ABl. L 353 vom 31.12.2008, S. 1.

TITEL 2

Geringfügige Änderungen von Produkten

Als geringfügige Änderungen von Produkten gelten Änderungen, aufgrund deren sich voraussichtlich nur geringfügige Änderungen der Zulassung im Sinne von Artikel 3 Absatz 1 Buchstabe ab der Verordnung (EU) Nr. 528/2012 ergeben, weil durch die Änderung des Produkts keine Auswirkungen auf die Schlussfolgerung hinsichtlich der Einhaltung der Bedingungen nach Artikel 19 oder 25 der genannten Verordnung zu erwarten sind. Hierzu zählen die in der nachstehenden Tabelle aufgeführten Beispiele, sofern die jeweiligen Bedingungen erfüllt sind.

Zusammensetzung	
1.	Erhöhung oder Verringerung des Gehalts, Hinzufügung, Entfernung oder Ersetzung eines absichtlich einem Produkt zugesetzten nicht wirksamen Stoffs, wobei — der nicht wirksame Stoff, der hinzugefügt bzw. dessen Gehalt erhöht wird, nicht bedenklich ist, — die Entfernung eines nicht wirksamen Stoffs bzw. die Verringerung seines Gehalts nicht zu einem Anstieg eines wirksamen bzw. bedenklichen Stoffs führt, — die physikalisch-chemischen Eigenschaften und die Haltbarkeit des Produkts unverändert bleiben, — erwartet wird, dass Risiko- und Wirksamkeitsprofil unverändert bleiben, — nicht zu erwarten ist, dass eine neue quantitative Risikobewertung erforderlich ist.
2.	Erhöhung oder Verringerung des Gehalts, Hinzufügung, Entfernung oder Ersetzung eines absichtlich einer Biozidproduktfamilie zugesetzten nicht wirksamen Stoffs außerhalb des zugelassenen Sortiments, wobei — der nicht wirksame Stoff, der hinzugefügt bzw. dessen Gehalt erhöht wird, nicht bedenklich ist, — die Entfernung bzw. Verringerung des Gehalts des nicht wirksamen Stoffs nicht zu einem Anstieg des Gehalts eines wirksamen bzw. bedenklichen Stoffs führt, — die physikalisch-chemischen Eigenschaften und die Haltbarkeit der Produkte der Biozidproduktfamilie unverändert bleiben, — Risiko- und Wirksamkeitsprofil voraussichtlich unverändert bleiben, — eine neue quantitative Risikobewertung voraussichtlich nicht erforderlich ist.
Verwendungsbedingungen	
3.	Änderung der Gebrauchsanweisung, sofern die Änderung keine nachteilige Wirkung hinsichtlich der Exposition hat.
4.	Hinzufügung, Ersetzung oder Änderung einer mess- oder verwaltungstechnischen Einrichtung, die für die Risikobewertung maßgeblich und als Risikominderungsmaßnahme betrachtet wird, wobei — die neue Einrichtung die für das Biozidprodukt vorgeschriebene Dosis in Übereinstimmung mit den genehmigten Verwendungsbedingungen richtig anzeigt, — die neue Einrichtung für das Biozidprodukt geeignet ist, — von der Änderung keine nachteilige Wirkung hinsichtlich der Exposition zu erwarten ist.

Haltbarkeit und Lagerungsbedingungen	
5.	Änderung der Haltbarkeit.
6.	Änderung der Lagerungsbedingungen.
Packungsgröße	
7.	Änderungen bei der Auswahl an Packungsgrößen, wobei — die neue Auswahl an Packungsgrößen vereinbar ist mit der Dosierung und der Gebrauchsanweisung, die in der Zusammenfassung der Eigenschaften des Biozidprodukts genehmigt wurden, — sich die Kategorie der Nutzer nicht ändert, — dieselben Risikominderungsmaßnahmen gelten.

TITEL 3

Wesentliche Änderungen von Produkten

Eine wesentliche Änderung eines Produkts ist eine Änderung, aufgrund deren eine wesentliche Änderung einer bestehenden Zulassung im Sinne von Artikel 3 Absatz 1 Buchstabe ac der Verordnung (EU) Nr. 528/2012 zu erwarten ist, weil die Änderung des Produkts sich voraussichtlich auf die Einhaltung der Bedingungen gemäß den Artikeln 19 oder 25 der genannten Verordnung auswirken wird.